Tratado da pedra filosofal e a arte da alquimia

Santo Tomás de Aquino

Tratado da pedra filosofal e a arte da alquimia

© Publicado em 2015 pela Editora Isis.

Editor Responsável: Gustavo Llanes Caballero
Revisão de textos: Rosemarie Giudilli
Diagramação e capa: Décio Lopes

DADOS DE CATALOGAÇÃO DA PUBLICAÇÃO

Aquino, Santo Tomás de

Tratado da pedra filosofal e a arte da alquimia/Santo Tomás de Aquino | 1ª edição | São Paulo, SP | Editora Isis, 2015.

ISBN: 978-85-8189-???

1. Conhecimento 2. Alquimia I. Título.

Proibida a reprodução total ou parcial desta obra, de qualquer forma ou por qualquer meio seja eletrônico ou mecânico, inclusive por meio de processos xerográficos, incluindo ainda o uso da internet sem a permissão expressa da Editora Isis, na pessoa de seu editor (Lei nº 9.610, de 19.02.1998).

Direitos exclusivos reservados para Editora Isis.

EDITORA ISIS LTDA
www.editoraisis.com.br
contato@editoraisis.com.br

Sumário

Introdução 7

I Tratado sobre a Pedra Filosofal – St. Tomás de Aquino 57

II Dos corpos inferiores da natureza e das propriedade
dos minerais e das pedras 69

III Da constituição e da essência dos metais 79

IV Da transmutação dos metais e
da que tem lugar conforme a arte 85

V Da natureza e da produção de um novo sol e de uma nova
lua pela virtude do enxofre extraído da pedra mineral 91

VI Da pedra natural, animal e vegetal 99

VII Da maneira de operar mediante o Espírito 101

VIII Da preparação dos fermentos de Saturno
e de outros metais 105

IX Do procedimento de redução de Júpiter,
também chamado a Obra do Sol 107

X Tratado sobre a arte da Alquimia – St. Tomás de Aquino 111

| 5 |

Introdução

Gustav Meyrink

O Demiurgo, grande construtor do universo, é indiscutivelmente um artista de vasta poliface. Não só é pintor e escultor, mas também autor de dramas, comédias e farsas; não admitindo censura alguma na sua atividade, ocupa-se prazerosamente em oferecer todo tipo de representações em caráter erótico.

Às vezes agrada-lhe escrever obras satíricas, tomando como atores as pobres criaturas humanas, às quais, seja gratuitamente, seja pagando-lhes alguns honorários miseráveis, envia-os à cena.

Uma obra satírica deste tipo poderia levar o título "Alquimia e Impenetrabilidade". Aos olhos da limitada mentalidade humana, há demasiados atos para poder manter-se em cena de forma contínua. Não obstante, é indiscutível que está escrita com grande habilidade; uma e outra vez aparecem momentos de tensão e apenas experimentamos um ligeiro sinal de aborrecimento quando o autor, magistralmente, por meio de amáveis artimanhas provoca em nós uma atenção renovada. Suponho que o começo da obra esteja situado na juventude do Demiurgo, pois tudo o que sabemos sobre alquimia pede-se na noite dos tempos; ninguém pode lembrar-se do prelúdio e do primeiro ato.

Pelo contrário, lendo os livros da Idade Média que tratam da arte de fabricar ouro, todos nós podemos atualizar os atos posteriores. O quadro que direta ou indiretamente aparece ante nossos olhos é de uma extraordinária aparência e a miúdo nos atrai a uma Fada Morgana. Por um lado, vemos uma e outra vez na boca de sábios irrepreensíveis e testemunhas verazes (por exemplo, o famoso holandês Van Helmont) como foram realizadas transmutações de metais e falaram dos efeitos da chamada pedra filosofal; por outro lado, ouvimos que naquele tempo os ilusionistas abundavam nas cortes reais, onde, mediante bufonaria e truques de prestidigitação, pescavam em rio revolto.

Com a invenção da imprensa, cai uma torrente de livros sobre a aflita humanidade, e muitos, aberta ou encobertamente, afirmavam estar em posse do mistério que permite converter objetos em ouro, zinco ou mercúrio.

Muitos livros se escreveram sobre a teoria da mutação dos metais, e o Demiurgo, para mostrar-nos sua astúcia como escritor teatral, espargiu chistes aqui e ali, quando a representação parecia aborrecer. Mencionarei brevemente que certo Adolf Helfferich editou, em meados do século XIX, um livro então famoso intitulado *A nova ciência da natureza, seus resultados e perspectivas* (Triest, 1857). Com isso, o senhor Helfferich interveio abertamente no campo da alquimia e em suas afirmações. O fato de que muitos séculos depois um indivíduo do mesmo nome aprece na história universal como presidente do Banco Nacional que domina magistralmente a arte de transformar metais, concretamente o de converter ouro em papel, é um chiste tão brilhante que só um crítico de arte, deixado pela mão de Deus, poderia firmar que não se trata aqui de uma alusão reflexiva e intencionalmente feita pelo diretor da História Universal, senão que é pura coincidência. Para mim, é evidente que o escritor dessa comédia satírica utilizou, no ano de 1857, o nome de Helfferich com o único propósito de repeti-lo no ano de 1917 e dar lugar à piada.

Também, o fato de aludir a um segundo virtuoso na arte de transformar metais, Dr. Schacht, que atua inversamente, ou seja, transformando papel em ouro (ainda que em proporções mínimas), é digno de um agudo dramaturgo, como o Demiurgo. Na escolha dos homens que dá a suas figuras, aprecia-se com que cuidado e reflexão atua na composição de suas obras. Quase todos os homens tem uma significação simbólica: Helfferich não é, de modo algum, alguém que ajuda,[1] mas

---

1. A palavra Helfferich significa literalmente homem que ajuda ou ajuda a si mesmo. Conforme parece, a alusão se refere ao político Helfferich, que em 1916-1917 foi secretário do Tesouro Nacional (N. do T. espanhol).

precisamente o contrário, e o outro traz o ominoso nome de Schacht.[2]

Se vermos os livros medievais sobre alquimia, o que supõe uma decisão heroica e uma grande constância, em todos encontraremos o seguinte aviso: se consegue compreender o sentido da nossa escritura e o mistério de como se obtém a tintura de ouro, deixe-se açoitar até a morte antes de revelá-lo, pois é vontade divina que isto fique oculto. E este conhecimento da vontade divina – que significa conhecimento da vontade do Demiurgo – é também a causa, de acordo com os escritores adeptos de todos os tempos, de por que o processo de transmutação dos metais é apresentado de modo encoberto e com as palavras obscuras ao leitor e ao aprendiz.

Sente-se a tentação de supor que os senhores escritores expressaram-se de forma tão misteriosa, precisamente porque eles também desconheciam o mistério mencionado e agradava-lhes, por outra parte, jactar-se do que sabiam.

---

2. Hijalmar Schacht (1934-1937), ministro do Tesouro Nacional. Em 1944-1945, prisioneiro nos campos de concentração. (N. do T.)

14 | *Tratado da Pedra Filosofal e a Arte da Alquimia*

Cabe perguntar-se se isto sucedia em casos isolados ou na totalidade. Eu, da minha parte, exponho o juízo. Supor, por exemplo, que Santo Tomás de Aquino escreveu um manuscrito para tornar-se solidário com o mundo laico, em contraposição com os adeptos da alquimia, é algo que carece de sentido. E Tomás de Aquino não era somente um homem de claro engenho, mas também um dos grandes sábios do seu tempo. Não debalde se lhe chamou Doutor Angélico.

A isto, muitos responderão que Tomás de Aquino não escreveu livro algum sobre alquimia e que se trata unicamente de falsificações da Idade Média "há tempos comprovadas".

Quisera responder que nada disso está demonstrado. Inclusive tudo faz supor o contrário. No meu entender, o único que afirmou que as obras sobre alquimia atribuídas a Santo Tomás de Aquino são falsificações é certo Naudé, um francês que no ano de 1712 escreveu um livro volumoso intitulado *Apologie pour les grands Hommes soupçonnés de Magie.*

O autor toma certos grandes homens e entre eles, sobretudo, Santo Tomás de Aquino, defendendo-os contra a suspeita de haverem praticado magia. Como se a alquimia de que Santo Tomás de Aquino fala em seu manuscrito tivesse a ver o exímio mínimo com a magia! Evidentemente, existe uma classe de *alquimia* que é pura magia, mas ela não se ocupa em transformar chumbo em aço, senão em coverter homens animalescos em *homens dourados*" Há algum livro que, por seu conteúdo e método, é considerado como alquímico, ainda que não tenha nada a ver com esta ciência, mas unicamente com um processo mágico que pertence ao terreno da ioga, ou melhor, ao de uma *maçonaria mística*. Agora, é indiscutível que Santo Tomás de Aquino não praticou em absoluto "maçonaria alguma". Do mesmo modo, é desnecessário defendê-lo contra a reprovação de que se interessava pela transformação de metais ou de que, como se deduz pelo presente tratado dedicado a seu amigo, o irmão Reinaldo se houvesse ocupado, inclusive com êxito, da alquimia. Pois, por outra parte, a alquimia (não a maçonaria mágica do rosário), nem em tempos de Santo Tomás de Aquino nem depois foi proibida pela Igreja. Como é sabido,

foi inclusive praticada por numerosos prelados católicos. A única "prova" que Naudé alega contra a autenticidade dos escritos de Tomás de Aquino pode resumir-se nas seguintes palavras: "está fora de dúvida que um homem de tal sabedoria e virtuosa vida como Tomás de Aquino, quem desde o ano de 1333 foi declarado santo, pudesse ter-se ocupado com alquimia".

É um fato conhecido que Tomás de Aquino foi discípulo de Alberto Magno, que, como todos sabem, era um alquimista convencido e apaixonado. É possível que os dois homens nunca tenham falado de alquimia? Ou que, tendo diversas opiniões sobre tema, não tivessem discutido? Se tivessem a mesma opinião, não é evidente que Tomás de Aquino teria escrito sobre isso?

Se compararmos o estilo dos seus textos alquímicos com seus tratados escolásticos, encontramos em ambos a mesma concisão, a mesma clareza de expressão. Só alguém que queira duvidar sistematicamente afirmará que existe uma falsificação.

Além do mais, nos escritos alquimistas de Tomás de Aquino não aparece nenhum anacronismo

18 | *Tratado da Pedra Filosofal e a Arte da Alquimia*

que sirva como ponto de apoio para afirmar que não é seu verdadeiro autor.

Naudé afirma, para apoiar sua teoria de que o nome de Tomás de Aquino foi utilizado por um autor anônimo para fazer uma falsificação. Acrescenta que Tomás de Aquino expressou-se abertamente contra a possibilidade de transformar metais no seu livro:

> *"Distinct. 7 quast. 3 -art. 1. Ad, 5".* Mas lemos na obra *Sancti Thomae Aquitanis in quotour libros sententiarum Petro Lombardi, 1659*; nela encontraremos textualmente a opinião de Santo Tomás sobre a *"possibilidade de transformar metais".*
>
> *Llchymistae faciunt aliquid símile aouro quantum ad accidenta exteriores: sed tamen n on faciunt verum aurum: quia forma substantialis auri non est per calorem ignis, quo utuntur alchymistae sed per calorem solis, in loco determinato ubi viget virtus numeralis: et ideo tale aurum non habert operationem consequentem speciem: et similiter in aliis, quae per eorum operationem fiunt.*
>
> *Os alquimistas fazem algo parecido ao ouro, no que se refere aos acidentes exteriores; porém não é verdadeiro ouro, pois o ouro* não *deve sua essência ao*

calor do fogo que utilizam os alquimistas, senão ao calor do sol, que sua força atua num determinado ponto. Portanto, o ouro fabricado pelos alquimistas carece das propriedades correspondentes à sua aparência. Algo parecido acontece com todas as coisas que são produzidas através da arte da alquimia.

Quem tiver alguns conhecimentos das teorias dos antigos alquimistas admitirá que o autor das palavras anteriores – Tomás de Aquino – comprova, ao falar assim, quão profundos eram seus conhecimentos sobre a "arte de fabricar ouro".

Paracelso, por exemplo, não discrepava muito, comparado com Santo Tomás de Aquino no que se refere ao ouro natural e ao ouro artificial; ambos partem de um ponto comum: o calor do sol (não está longe o tempo em que nós, os modernos, digamos o fugaz elemento da luz solar chamado "emanação") é o produto do ouro natural.

Ainda que no fundo não se trate de que Tomás de Aquino com sua teoria do "calor" do sol tenha razão ou não, gostaria de dizer algo sobre esse ponto. No que se refere a um experimento efetuado nos meados do século anterior por um tal de Tiffereau e que consistiu em transformar

Introdução | *21*

prata em ouro por meio dos raios solares, escreverei depois detidamente.

Nos últimos decênios, qualquer químico franziria o cenho se se afirmasse que o calor do sol produz ouro no seio da terra.

É um fato conhecido que o ouro só pode surgir como elemento sob a ação de um fogo terrestre de alta graduação; seria a contestação de nossos homens sábios. Hoje é mais cauto no que se refere a estes juízos negativos.

A descoberta do elemento "emanação", com suas estranhas e cambiantes propriedades, dá muito que pensar. É como se a antiga e desprezada alquimia voltasse lentamente a ocupar seu posto honorífico. Voltando à minha ideia favorita da obra teatral do Demiurgo, o anteriormente dito foi somente um "momento de tensão". Misturei cenas em que o alquimista medieval é apresentado como embusteiro e louco.

Que grande surpresa terá o "público" quando pouco antes de cair a tela se der conta: não somente estavam de acordo, mas, de forma incompreensível, haviam-se colocado por um longo trecho adiante do seu século. Já que se entende por público as pobres criaturas humanas ou os deuses do Olimpo, em qualquer caso constituirá uma grande surpresa. Desgraçadamente, com nossos defeituosos sentidos, não podemos ver como o excelso autor sai para o cenário e inclina-se agradecido.

Mas pressinto que haverá um fim de ato muito mais surpreendente do que este!

Como já mencionei, escrevem os alquimistas que se um adepto revela com palavras não encobertas a misteriosa fórmula da pedra filosofal, põe em perigo algo assim como a salvação da sua alma. Possivelmente, este medo da profanação provém dos antigos egípcios e sua casta sacerdotal, os quais, todavia, não tinham ideia do bendito socialismo atual e castigavam com a morte todo aquele que se atrevesse a manifestar ideias marxistas, que era algo igual a atirar margaridas aos porcos.

Em todo caso, é um fato que se alguém tivesse revelado como, partindo do chumbo, do zinco, do mercúrio, do cobre ou da prata, se pudesse obter facilmente ouro, isso teria influído decisivamente na economia. Brevemente dizendo, o Demiurgo não podia aceitar que uma comédia satírica tão brilhante tivesse um final precipitado e violento. Provavelmente disse consigo mesmo:

"Agora quero aumentar um pouco a tensão dos meus responsáveis espectadores" e estendendo um pouco a duração das cenas, aproxima-se do momento do "desenlace".

Logo aparecem no cenário dois novos atores: o químico inglês Rutherfgord e o sábio berlinês professor Miethe. Creio ter ouvido que, procedente dos bastidores orientais, ocupará o centro da cena um japonês cujo nome não entendi.

Os três lograram produzir ouro artificialmente, ainda que só em mínimos vestígios. Em relação ao Demiurgo, é natural que só possam obtê-lo em vestígios e passará um momento até que o diretor da palavra chave: agora transmutação!

Então aparecerá nos periódicos uma notícia sensacional. Algo assim: "O conhecido químico professor doutor XYZ enviou um telegrama que fazemos público com reservas, conforme o que ontem à noite logrou um procedimento químico artificial que permite obter ouro puro, partindo de materiais tão baratos que o preço do metal ficará

muito por baixo do chumbo. Naturalmente, este procedimento não tem em absoluto nada a ver com as antigas e esquecidas superstições dos alquimistas. Pelo contrário, parte de uma base puramente científica e é animador que por meio deste novo triunfo da ciência moderna se aclare um tema que havia sumido nas trevas medievais".

(Nota cenográfica: risos do público).

Jornais da tarde complementariam esta má notícia da seguinte forma:

Curiosidade coincidência de casualidades! Nesta manhã demos a notícia sensacional de que a ciência logrou obter ouro puro por meios sintéticos; conforme um canal que recebemos, a notícia fica plenamente confirmada.

O artigo de fundo da nossa secção financeira, que registra os efeitos decisivos da descoberta na economia das nações, traçando de novo o problema do Dawesplan[3], estava já na impressão, quando recebemos uma notícia não menos interessante. De acordo com ela, os campos de ouro do Canadá,

---

3. Projeto de orçamento nacional para reparos dos danos ocasionados na Alemanha depois da primeira guerra mundial.

com suas enormes riquezas, foram abertos de tal modo que a cotização do ouro na Bolsa de Wall Street foi apagada, consequentemente, o ouro pode considerar-se completamente desvalorizado (gritos jubilosos e enormes aplausos procedentes do público). A comédia satírica toda no seu fim, mas, imediatamente é anunciada uma nova obra do bem dotado comediógrafo intitulada "O Espiritismo, ou são os mortos? Não são? Ou são somente aqui e ali? Ou se trata só de um engano? Ou melhor: o intrincado subconsciente etc.".

O primeiro ato teve lugar há oitenta anos. Será um drama. Começará anunciando o alvorecer de um tempo novo, terminará com uma apoteose diabólica. Utilizando todos os recursos de uma rica cenografia: diabólico fogo sexual, noite e desespero.

Voltemos aos escritos alquimistas de Tomás de Aquino.

As infundadas afirmações do citado Naudé não podiam, naturalmente, ficar sem réplica.

Pouco após ser publicada a obra de Naudé, surgiu um escrito antagônico, obra do capuchinho pregador Jacques d'Autun intitulada *Sobre a magia e a bruxaria*, assim como uma réplica ao livro intitulado *Apologia*, de Naudé, editado, conforme dito, para defender os grandes homens que foram considerados, falsamente, adeptos da magia (Lyon, Jean Moulin, 1671).

Nesta obra se sobressai em poucas palavras a autenticidade dos escritos de Tomás de Aquino. Pelo contrário, o tema é tratado detidamente pelo padre franciscano Castaigne, doutor em Teologia, Abade de Sou, diretor espiritual do rei da França, homem cuja fé, estritamente católica, ninguém pode pôr em dúvida.

Em suas obras de medicina, assim como nas de conteúdo químico, este franciscano escreve, entre outras coisas (Paris, Jean d" Houri, 1661):

Que diremos deste grande doutor angélico, Santo Tomás de Aquino, da ordem do Reverendo Dominicano, autor da excelsa obra La obtención del aurum potable. Possuo o original manuscrito de seu punho e letra, que começa com as palavras: "Sicut lilium inter spinas". E quando, caridosamente queria ajudar os enfermos, não havia algum médico do seu tempo que se o censurasse? Evidente mente ele teria respondido: "tanto dinaso".

Entre todos os autores que escreveram sobre as obras alquimistas de Tomás de Aquino parece que foi

28 | *Tratado da Pedra Filosofal e a Arte da Alquimia*

o Abbé Leuglet de Fresnay, muito conhecido neste terreno, quem as melhor entendeu. Na sua *História da Filosofia Hermética* (1742) escreve o seguinte:

Confesso que um zelo desmedido levou a separar alguns tratados como não pertencentes à obra deste homem famoso (Tomás de Aquino), mas também existem outras obras que são indiscutivelmente autênticas. Seu Tesouro da Alquimia, dedicado ao Frater Reinaldus, assim como a seus amigos e companheiros, trata unicamente de expor uma filosofia secreta que, conforme diz expressamente, é fruto dos ensinamentos de Alberto Magno, a quem declara seu mestre em todas as coisas e especialmente no que se refere à ciência.

Este tratado compreende somente oito páginas, mas é o melhor sobre este campo. Há uma nota que diz: "Para aquele que o entenda".

(Não será isto uma alusão à legendária "disciplina arcana"?)

Essas palavras, de um dos mais eruditos historiadores no terreno do hermetismo, bastariam para pôr no seu lugar os escritos alquimistas de Tomás de Aquino que hoje estão completamente esquecidos.

Que posição se adotará diante da pergunta: existiram realmente alquimistas que tenham logrado obter ouro?

Há nos velhos escritos alquímicos alguma fórmula que, ainda que seja de modo encoberto (encontrada a chave da alegoria que encerram), revele como lograr a transformação de metais? Identifica-se a tintura e o pó (que, como dizem em geral os livros e escritos, dão lugar à transmutação de metais), com a chamada pedra filosofal ou "medicina universal".

A resposta a tais perguntas encerra grande dificuldade e apenas se pode fazer outra coisa que conjeturas. O sentido comum nos diz: por que um homem que conseguiu obter ouro artificialmente vai incomodar-se para dar de modo encoberto a receita de que se serviu?

A isso só cabe contestar: não podemos aplicar a homens de outro tipo o mesmo padrão de medida que ao homem médio atual? Não está escrito na Bíblia de modo simbólico? Não ocorre o mesmo com a Kabala, com os antigos escritos hindus, com as prescrições da ioga, com os Vedas e outros tantos livros? Não é esta a ocasião de analisar os motivos que levaram o homem da antiguidade e da Idade Média a referir-se aos fatos misteriosos, estendendo sobre eles um véu simbólico, já que ao fazer esta análise implicaria escrever todo um livro.

Basta dizer aqui que os autores desses escritos partiam da seguinte base: quem não tem a intuição suficiente para descobrir por si mesmo o mistério, não é digno de possuí-lo por outros meios.

O que atua de modo intuitivo é digno, em certa medida, de possuir o mistério, pois para despertar uma intuição aguda é necessário muito esforço, constância e um zelo ardente, que não se deixe assustar por fracasso algum.

Dizendo brevemente: existem as mesmas prescrições pelo caminho como faz a ioga. Ou antes.

Os autores, temendo fazer-se responsáveis, punham o mistério nas mãos daquele que tivesse suficiente intuição. As premissas de um modo de atuar tão precavido são as de um autor que se sabe possuidor do mistério. Se assim não fosse, se expressaria numa linguagem encoberta para ocultar sua ignorância, e isto daria lugar a um segredo néscio. Este modo de atuar é, como já disse, impróprio de homens como Paracelso, Tomás de

Aquino e outros. Chegamos, portanto, à seguinte conclusão: efetivamente existiram homens que possuíam o segredo.

Cabe, agora, a pergunta: é um fato certo que esses homens fabricaram realmente ouro? Lendo os escritos sobre as supostas transmutações, não se escapa de seu assombro. Consignarei alguns desses informes no final desta introdução.

O leitor poderá, então, julgar por si mesmo.

Entre os numerosos informes há um que diz: era um povo vermelho, do meio do qual o alquimista, Sounso, fabricava ouro, introduzindo-o em chumbo derretido, zinco ou mercúrio previamente aquecido. A massa convertia-se, então, num pó cinza e depois num líquido vermelho. Assim mesmo, os escritos afirmam que não é difícil obtê-lo, só é importante saber com que matéria básica – eles a chamam de matéria-prima – com que se deve começar.

Eu mesmo esforcei-me intensamente, há anos, para averiguar o que entendiam esses senhores por matéria-prima. Durante muito tempo cri que só se tratasse de zombarias de alguns infelizes. Muitos alquimistas estelionatários não tinham outra coisa a fazer, senão manchar livros para se tornarem interessantes ou para tirar dinheiro de alguns parentes.

Um velho livro de alquimia chamado *Clavícula*, em que se distinguiam por seus nomes os autênticos e os falsos alquimistas, ajudou-me a conhecer os grandes sinais das obras suspeitas de engano.

Apesar disso, demorei muito para encontrar uma luz que me permitisse saber o que se entendia por matéria-prima.

Logo entendi que de cem alquimistas, noventa entendiam por matéria-prima excrementos humanos ou animais, mas no que se refere à pintura exterior dessa matéria pouco simpática não havia consonância. Por exemplo, desde quando essa "matéria desagradável", que os granjeiros costumam trazer para sua casa aderida às suas roupas, é "amarela como a manteiga", de "odor desapreciado" e "sabor doce"? Concretamente, assim a descreveu com eloquentes palavras um alquimista que me influenciou especialmente e cujo nome é Onophrius de Marsciano.

Por casualidade, cheguei um dia à excelente conclusão: quando os alquimistas "sérios" falam de uma matéria-prima omitem de quase todos que existe uma matéria-prima próxima (ou fácil de obter) e uma matéria-prima remota ou só obtida pela ação da intempérie ("calor do sol"). Só esta última é apropriada para começar o processo. Se se emprega a primeira, é necessário uma grande quantidade que geralmente só existem nas canalizações. A matéria-prima remota, pelo contrário, encontra-se em cloacas existentes há vários séculos.

É possível comprovar que em tais cloacas pode encontrar-se, ainda que raramente, uma curiosa matéria do tamanho de um punho e amarela como a manteiga. Por ocasião de abertura de uma cloaca milionária em Praga, logre obter mediante "a amizade do rei da noite", um volume do tamanho de uma noz.

À moda dos velhos alquimistas acalentei-o numa retorta, mantendo durante semanas um calor constante. Estava muito intrigado para saber o que sucederia; não acreditava no verdadeiro resultado do processo, não mantinha nenhuma ilusão, só queria ver se, como diziam os "filósofos" alquimistas, produzia-se na retorta uma determinada mudança de cor: negro, irisado, quer dizer, a coloração de um pavão-real com o rabo aberto em leque.

Para minha grande surpresa, produziu-se realmente a mudança da cor anunciada. O químico que consultei não pôde explicar-me a causa científica do fenômeno.

O final é pouco alegre. Minha curiosidade ia aumentando, quando certo dia rompeu-se a retorta com grande estrondo no preciso momento em que me encontrava diante dela: a matéria remota, cujo comportamento havia sido até agora prometedor, saltou-me para o rosto manifestando sua agressividade.

Foi-me impossível repetir a experiência, pois não encontrei nenhum pedaço de matéria remoto.

Um químico formado cientificamente poderia raciocinar da seguinte forma: se os velhos alquimistas partiam deste excremento decomposto e parecido com "manteiga", é claro que não obtiveram resultados dignos de menção, pois os excrementos, decompostos ou não, não são uma matéria unitária e não podem produzir, portanto, nenhum elemento simples.

No entanto, não estou de acordo com este raciocínio. Naturalmente não creio que de matérias animais ou vegetais (excrementos) se possam obter minerais, como diziam os velhos alquimistas, mas estou convencido de que, no regaço terrestre, encontram-se matérias minerais, e refiro-me concretamente ao "mineral" chamado Struvit. Este é um mineral muito pouco conhecido, e, conforme meus conhecimentos, só é encontrado nas cidades alemãs de Hamburgo, Dresde e Braunschweig, e em cloacas milenárias! Portanto, procede diretamente de excrementos.

O Struvit, chamado Ulex, é, conforme Hausmann, termoelétrico polar, frequentemente amarelo e cristalizado, propriedades que, se se tratasse de uma matéria de origem animal ou vegetal, seriam estranhas no sumo grau!

Fica realmente descartado que esse Struvit não é um "elemento" que possa ter certa similitude com o elemento "emanação", cujas propriedades de transformação são verdadeiramente extraordinárias?

Existe outro elemento similar ao Struvit que, apresentando-se também cristalizado, só aparece em excrementos "animais", concretamente no guano, de onde vem o nome *guanit*. É bastante estranho que, apesar de ter a mesma origem animal, se distinga em muitos pontos do Struvit!

A maioria dos alquimistas assegura que, partindo da mencionada matéria-prima, obtiveram não só um elixir transformador de metais, mas também uma medicina universal, que pode curar todas as enfermidades. A consecução de ambas as tinturas é, no que se refere ao fundamento do processo, a mesma; só no seu final, quando se quer obter uma substância de transmutação dos metais, há que agregar ouro puro em pequenas proporções e derretê-lo sob um calor de considerável graduação. Deste modo, o ouro natural torna-se "aumentado", procedendo-se uma espécie de "superouro".

Voltemos agora aos escritos medievais e a outros posteriores que informam das transmutações metálicas e da existência de uma espécie de elixir da vida.

Não há dúvida de que a maioria desses escritos estão muito próximos do exagero e de uma observação que, intencionada ou não, pode ser falsa. Num livro de Goldenfalck, quase esgotado, encontra-se uma grande coleção de informes sobre o tema. Um amigo residente em Hamburgo possui a obra; talvez um dia meditemos sobre o texto.

Gostaria de destacar, de forma concisa, alguns escritos que merecem ser levados em consideração.

1. Van Helmont

A mesma importância que Lutero e Melanchthon têm no campo da transformação religiosa é atribuída a Van Helmont na reforma da medicina e da antropologia; todos foram, a seu tempo (séculos XVI e XVII), sábios de primeira ordem.

Van Helmont, o velho, escreve na sua obra *Demonstração de uma Tese*:

> *Pois tive várias vezes em minhas mãos a pedra do ouro e vi com meus próprios olhos como transformava em ouro, o mercúrio corrente, que estava numa proporção de vários milhares de gramas, por uma quarta parte de grão de pedra e estava esta, em forma de um pó pesado, de cor próxima à do açafrão, que brilhava como pequenos cristais de vidro quebrado. Amassei este pó com um pouco de cera, para que não se espargisse. Atirei a bolinha resultante num cristal onde se estava cozendo meio quilo de mercúrio que acabara de comprar. O metal começou a cozer, emitindo um ruído característico e*

aglomerando-se numa massa compacta, ainda que a intenção do calor fosse tal que o chumbo derretido não se teria solidificado. Quando avivei o fogo por meio de um fole, derreteu-se o metal e ao vertê-lo num recipiente, obtive oito onças de ouro puro: uma parte do pó havia-se transformado em 19.816 partes de metal de ouro verdadeiro!

Na obra *Vita alterna* disse o seguinte:

Várias vezes vi e toquei este pó: atirei um quarto de grama num crisol onde havia esquentado oito onças de mercúrio; imediatamente o mercúrio adquiriu um aspecto como de cera amarela. Quando, por meio do fole, volvi a derretê-lo, obtive oito onças, quer dizer, onze gramas de ouro puro!

Também em *Arbor Vitae*:

Aquele que pela primeira vez me deu o pó transformador tinha tanto que podia obter cem mil quilos de ouro. Deu-me aproximadamente meio grama, com que converti nove onças de mercúrio. Um estrangeiro que durante uma noite foi meu hóspede me havia dado a mesma quantidade.

Conforme Schmieder, este estrangeiro era um irlandês chamado Butler, que, segundo Van Helmont, possuía uma pedra amarela e porosa, com odor de sal do mar que, dando-a a roçar a um monge enfermo de erisipela, passada uma hora encontrou-se são. Também a esposa de Van Helmont, que padecia de varizes em ambas as pernas, ficou curada. O mesmo Van Helmont, que, por causa de um veneno estava paralítico e gravemente enfermo, foi curado depois de um longo tratamento.

Uma das mais famosas e irreprocháveis transmutações na história da alquimia é a que levou a cabo em Haia o erudito médico de cabeceira do Príncipe de Orange, João Frederico Helvetius. Era ele, a princípio, inimigo da alquimia, e em vários escritos a qualificara como ridícula. Depois e através de um desconhecido que o visitou, obteve um conhecimento mais profundo, retratando-se de suas afirmações anteriores numa obra intitulada *Vitulus aereus quem mandus adorat et orat*, Amsterdam, 1677, 1702, 1705.

Helvetius escreveu, consignado aqui em poucas palavras, o seguinte:

Numa tarde do ano de 1666 veio à minha casa um homem desconhecido de aspecto francês, figura séria (ainda que mal vestido), altura mediana e rosto alongado, sem barba, seu cabelo era negro e liso e pelo que me pareceu, devia ter uns quarenta e quatro anos. Quanto a sua origem, provinha seguramente do norte da Holanda ou da Batávia. Depois de saudar-me amistosamente, solicitou, com toda cortesia, que lhe deixasse com entrada livre em minha casa, pois ele não podia e nem devia fazê-lo sem obter de mim esta licença. Continuou dizendo que um bom amigo meu lhe havia dado a oportunidade de entabular nosso conhecimento, havia lido – disse – alguns dos meus artigos, concretamente, os que escrevi contra o famoso pó do senhor Digbys, onde expunha minhas dúvidas acerca do verdadeiro segredo do sábio. E tirou de uma bolsa, uma caixinha de marfim artisticamente adornada, de onde, por sua vez, retirou três grandes troços do tamanho de uma noz, que pela cor, pareciam de cristal e tinham aderidos fragmentos amarelos de enxofre, procedentes do crisol em que a referida matéria havia estado liquefeita e cujo valor, calculo, era equivalente a umas vinte toneladas de ouro. "Entretanto, pedi cera amarela par envolver (uma quantidade mínima), pus no crisol aproximadamente mil gramas de chumbo, enquanto minha mulher envolveu a matéria de pedra na cera, fazendo com ela uma bola, que atirou ao crisol. Esta manifestou sua ação em forma de silvos, sussurros e bombas de ar: passado um quarto de hora, toda a massa de chumbo se havia convertido em precioso ouro puro! Ainda que tivesse vivido em tempos de Ovídio, não me teria afigurado, nem acreditado numa transformação química semelhante. No maior estado de excitação, dirigi-me com todos os presentes à casa do ourives, apresentando-lhe o ouro obtido. Depois de efetuar o exame adequado, afirmou que se tratava de ouro tão puro que não existia no mundo nenhum que o superasse em qualidade, também manifestou que pagaria 50 florins para cada onça".

O professor de química Johann Conrad Barchusen de Lide, assim como Benedikt Spinoza, recebeu este texto confirmado pelo próprio Helvetius.

2. Kinkel Von Löwenstern

Um dos químicos mais significativos de todos os tempos, realizou um experimento extraordinário que, por desgraça, não conseguiu repetir. O experimento é qualificado de singular, por quanto nele se fala (como símbolo) de uma matéria vegetal. Por outra parte, nos velhos escritos asiáticos se afirma insistentemente que para elaborar "tintura de ouro" foram utilizadas plantas.

Kunkel Von Löwenstern escreveu:

> *Sobre este ponto desejo contar uma história: em Ungerland cresce uma planta de uma bonita cor verde (aludirá, talvez, Löwenstern ao vitríolo solidificado?), com flores brancas e amarelas. Quando queimada, as cinzas resultantes são vermelhas. Como o ácido acético dilui a urina, a substância útil permanece flutuando na superfície e a parte não utilizada vai ao fundo, assim; assim o azeite sobrenada tem a propriedade de tingir numa proporção de 80 a 100%. Agora pode-se compreender facilmente com que zelo busquei o azeite mencionado. Numa ocasião utilizei diferentes tipos de vitríolo, assim como acetona destilada e não destilada;*

tendo transcorrido o tempo sem que se produzisse fenômeno algum, verti-o em diferentes vasos que coloquei na janela aberta do meu quarto, onde batia sol (!) diariamente. Ocorreu então, que por ordem do meu bondoso senhor, tive que partir para as montanhas, onde permaneci três meses: quando do meu retorno, abria a porta da casa e percebi um olor agradável, como se houvesse ali, algo de âmbar e de almíscar. Fui até os vasos que havia deixado e vi que sobrenadava uma bela gotinha vermelha de azeite. Cheio de alegria e admiração, visitei imediatamente sua excelência, o barão Heinrich Von Friezen, que conhecia o experimento. Acompanhou-me em seguida ao laboratório e apenas abria a porta disse: "que olor tão agradável! (Apesar de que não lhe houvesse dito nada). Depois de definir o modo da separar a gotinha, inclinamos um pouco o vaso e a gotinha aderiu-se a sua parede. Tomei então uma porção de prata e dissolvendo em água forte, precipitei-o por meio de cobre e absorvi o cálcio. Então soube com certeza de que não se tratava de prata com aparência de ouro (i). Tomei meio grama e pus num pequeno crisol; logo absorvendo a gota por meio de um algodão, coloquei-a também no crisol. Com um maçarico derreti o outro meio grama, Havíamos, entretanto, aquecido a estufa de provas. Depois de dissolver a gotinha na prata, verti-a num recipiente e ela ficou separada da prata, deixando um fundo de cálcio, Com resultado obtivemos uma gotinha de preciosos ouro, com o que nos enchemos de alegria. O senhor barão tomou o ouro obtido como um objeto curioso em extremo, pois havia tido a paciência de presenciar o processo do início ao fim. Desde então desperdicei alguns litros de acetona, mas nunca pude obter uma gota de ouro como aquela".

3. Tifferau

Para terminar, especificaremos um informe do nosso tempo. Procede de um químico francês chamado Tifferau, que viveu em Paris nos meados do século XIX. Seus experimentos não são dignos de crédito; menciono-os aqui porque suas teorias sobre transmutação de metais me parecem interessantes.

"Propus fazer uma demonstração ante a Academia de Ciências de Paris. Esta a rechaçou". Naturalmente, não disse nada contrário a Tifferau. A Academia francesa recusou muitas coisas de diferentes índoles. Tifferau fez estudos no México e na Califórnia sobre as diferentes formas como se apresentam o ouro e a prata. Assegura ter transformado o ferro em cobre, o cobre em prata e a prata em ouro. Tifferau escreveu:

> *A existência de nitrato sódico, de combinações de iodo, bromo e cloro e de pirita de ferro e de nitrato sódico, assim como o fato de ao contato de todas elas o influxo da luz e o calor provocam efeitos elétricos e decomposição dos metais existente., fazem-me supor que os metais se produzem desta forma.*

Em minha opinião, os processos que produzem a transmutação de metais são de natureza extremamente complicada. A combinação de pirita de ferro e de oxigênio desempenha um papel importante. O calor, a luz e a eletricidade permitem e favorecem em certo sentido a combinação de uma matéria milenar, ainda desconhecida, que constitui os metais. Tudo me faz supor que esta matéria é o hidrogênio; o nitrogênio parece atuar só como fermento (como ocorre de fato nos processos de fermentação da matéria orgânica). A combinação do oxigênio e sua – em certo sentido – liga com

52 | *Tratado da Pedra Filosofal e a Arte da Alquimia*

a chamada "matéria básica", sob a ação de uma matéria nitrogenada (excrementos), parece-me que constitui a chave da transformação de metais.

Parti de um fato que se pode repetir facilmente: se se mesclam limalhas de prata pura com outras de nitrato sódico, durante um tempo persistem algumas partículas de prata e só depois de alguns dias desaparecem. Agora, se depositamos limalhas de prata pura num tubinho de ensaio de 4- 5 milímetros de diâmetro e 10-15 milímetros de altura, contendo 36 gramas (a terceira parte do seu espaço) de nitrato sódico, se verá que certa porcentagem de prata, apesar do grande calor existente, não se dissolve.Se trabalhamos com uma liga de nove décimas partes de prata e uma décima de cobre se produzirá uma viva reação e certa quantidade permanece indissolúvel.

Atuando sem o influxo da luz solar, obtemos exatamente o mesmo resultado. Em todos estes experimentos aparece a mais do metal indissolúvel um precipitado marrom, também indissolúvel. Variando a quantidade do ácido ou expondo a solução mais ou menos tempo ao calor do sol (i) obtive umas partículas metaloides, que inclusive no nitrato sódico em ebulição permaneciam indissolúveis. Pelo contrário, dissolviam-se na água corrente. Comparando esses experimentos, cheguei à seguinte conclusão:

1. Uma pequena de limalha de ouro na solução facilitava a produção de ouro artificial.
2. A prata pura é mais pesada do que as ligas de ouro com outros metais.
3. Na transformação de metais, a catálise desempenha certo papel.
4. O cloro, o bromo, o iodo e o enxofre, na presença do nitrogênio e combinações de oxigênio, favorecem a transmutação.
5. O ozônio parece atuar positivamente.
6. Uma temperatura de 25 graus (os antigos alquimistas tendiam sempre a usar estes graus) é a mais idônea para executar o trabalho.
7. Quanto mais devagar se desenvolve o trabalho, mais favorável será o resultado.

Os experimentos de Tiffereau, que fracassaram na França, tiveram êxito no México, que lhe atribuiu o sucesso como efeito da luz solar. Mas, ainda sem a influência do sol, assegura ter fabricado ouro. Tiffereau escreve o seguinte:

Misturei doze partes de ácido sulfúrico e duas partes de nitrato sódico de quarenta graus, o que encheu o tubo de ensaio até a quarta parte do seu conteúdo. Logo pus limaduras de prata e cobre; deste último só uma décima parte em relação à prata. Logo a solução adquirir uma bela tonalidade violeta. Fiz ferver o conteúdo, mantendo assim durante vários dias, com o qual, progressivamente, foi convertendo-se em ácido sulfúrico concentrado, enquanto o nitrato sódico foi diluindo-se. O longo tempo de cocção parece-me necessário, pois ambos os ácidos formam uma união muito relevante e enquanto exista esta, não se deposita o ouro. Se após vários dias de cocção se agrega algo de água, aparece uma débil reação de gases nitratos-sódicos, o que prova que o ácido sulfúrico concentrado tem mais relação com a água do que com o nitrato sódico. Para separar os vapores de nitrato sódico é necessário agregar um pouco de ácido sulfúrico com amoníaco e deixá-lo ferver por um momento. Neste experimento, parece que o ouro se faz presente por meio do gás de nitrato de sódio, pois, à medida que diminui este, o ouro precipita-se na forma de finas escamas; ao esfriar-se o recipiente, elas se depositam nas paredes do vaso. Efetuei esta prova inúmeras vezes, obtendo sempre os mesmos resultados.

Deixo aos químicos de renome ajuizar se esta fórmula de Tifferau é falsa ou correta. Possivelmente só separou da prata o ouro que nela já existia. Não quero revolucionar a alquimia com um conceito novo. Em todo caso me parece que Tiffereau desempenhou certo papel na obra teatral do Demiurgo. Tanto se apareceu como palhaço, ou, se, projetando a sombra do grande autor, minha tarefa não consiste em averiguar.

Este escreverá outras muitas obras não menos interessantes. Atores existem em abundância, enquanto nós, os homens, não façamos o que o Buda Gautama sugeriu nestas palavras: "Buscando o construtor do edifício (o "escritor teatral") percorri sem interromper o trajeto circular de muitas vidas. Agora encontrei-o e penetrei no seu ser. Nunca mais me construirá casa alguma!".

CAPÍTULO I

Tratado sobre a Pedra Filosofal – St. Tomás de Aquino

Aristóteles, no primeiro livro dos Meteoros, ensina-nos que é formoso e digno de louvor buscar, mediante profundas investigações, a causa primeira que governa o concerto admirável das causas segundas, e os sábios, vendo efeitos em todas as coisas, chegam a observar suas causas ocultas.

Assim, vemos os corpos celestes exercerem uma ação notável sobre os elementos e pela única virtude da matéria de um só elemento, já que da matéria da água, por exemplo, podem extrair modalidades de aeriforme e igniforme.

58 | Tratado da Pedra Filosofal e a Arte da Alquimia

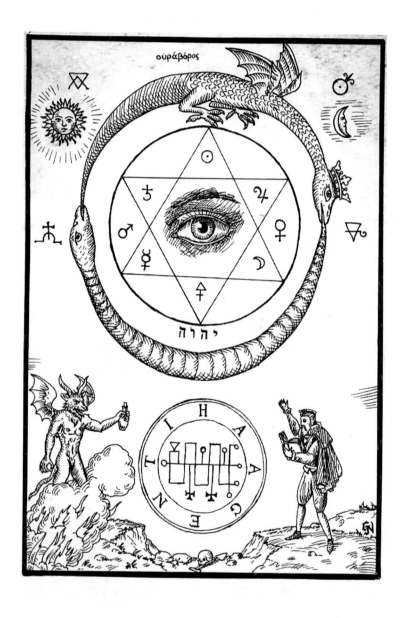

Todo princípio de atividade natural produz, enquanto dura sua ação, uma multiplicação de si mesmo, assim como o fogo, que, aplicado a um lenho, extrai deste uma quantidade maior de fogo.

Vamos abordar aqui os agentes mais importantes existentes na natureza.

Os corpos supracelestes apresentam-se sempre a nossos olhos revestidos da forma material de um elemento e sua esfera é de uma essência muito mais simples e sutil do que as aparências concretizadas que delas nos apercebemos. Rogerius expôs isto perfeitamente: "Todo princípio de atividade – disse – exerce sua ação por sua própria similitude, transformando-se esta, ao mesmo tempo, em princípio passivo receptor, ainda que sem diferir especificamente do princípio ativo que a engendrou. Por exemplo, se situamos estopa junto ao fogo, ainda que não esteja em contato com ele, o fogo multiplicará sua espécie como qualquer outro princípio de ação, e esta espécie será multiplicada e recolhida na estopa, tanto pela ação natural e contínua do fogo como pela atitude de passividade que possui a estopa logo se vivificará até o término total do ao do fogo. Elo que manifesta que a similitude do fogo não é diferente do fogo mesmo, *in specie*".

Para alguns princípios possui uma ação específica intensiva, de tal forma que podem corroborá-la por sua própria similitude, multiplicando-se e reformando-se sem cessar em todas as coisas, como o fogo. Outros, pelo contrário, não podem multiplicar sua espécie por similitude e transformar qualquer coisa neles mesmos, como o homem.

Assim, o homem não pode atuar multiplicando sua similitude, da mesma forma que atua por seus próprios atos, porque a complexidade do seu ser obriga-o a executar uma grande variedade de ações.

Por isso, como prova Rogerius em seu livro *De Influentiis*, se o homem pudesse levar a termo uma ação poderosa mediante sua similitude, como o fogo, sem dúvida alguma que sua espécie seria certamente um homem de que não se deve inferir que a similitude multiplicada dele não fosse completamente um homem, situado, então, por cima da espécie.

Por conseguinte, quando os corpos supracelestes exercem sua ação sobre um elemento, atuam com sua similitude e além do mais produzem algo semelhante a eles e quase da sua mesma espécie. Logo, dado que produzem o elemento do elemento e a coisa elementada da coisa elementar, deduz-se que participam necessariamente em si mesmos da natureza do elemento. Afim de melhor compreender isso, observemos que o sol produz fogo dos corpos saturados de ferrugem e dos corpos esféricos cristalinos.

Deve saber, além do mais, que todo princípio de atividade, tal como se demonstra no livro *De Influentiis*, multiplica sua similitude, seguindo uma linha perpendicular reta e forte, o que se vê evidentemente no exemplo da estopa e do fogo, que de início se unem num ponto tonado sobre uma linha imaginária perpendicular, isto se vê igualmente quando a ferrugem ou o cristal são expostos ao sol e recebem a influência dos raios solares que são sua similitude.

Se operarmos por meio de um espelho, quando o raio de sol for projetado perpendicularmente, veremo-lo atravessar totalmente a água ou o corpo transparente sem quebrar-se devido ao elevado coeficiente potencial de sua ação, se, pelo contrário, se lhe projeta numa linha reta não

perpendicular, se quebrará na superfície do corpo e um novo raio se formará na direção oblíqua; o ponto de união desses dois raios encontra-se sobre a linha perpendicular ideal. E é o ponto de máxima energia do calor solar, pois, se colocamos nele estopa ou qualquer outro corpo combustível se inflamará imediatamente.

De tudo isso se deduz que quando a similitude do sol (quer dizer, seus raios) está confirmada pela ação contínua do mesmo sol, engendra o fogo. O sol possui, assim, o princípio e todas as propriedades do fogo, como demonstram os espelhos ardentes.

Este tipo de espelho constrói-se com aço perfeitamente polido, de tal forma e disposição que, unificando o feixe dos raios solares, projetam-no, seguindo uma linha única de grande força incandescente.

Ao colocar devidamente o dito espelho próximo a uma cidade, vila ou qualquer outro lugar, não tarda em produzir-se um incêndio, tal como disse Athan no livro *Os Espelhos Ardentes*.

É manifesto que o sol e os outros corpos solares não participam de forma alguma da matéria do Elementar e, portanto, estão isentos de corrupção, ligeireza e peso.

Aqui, há que efetuar-se uma distinção entre os elementos: alguns são simples e infinitamente puros, sem terem a virtude de transmutação necessária para evoluir até outro plano de modalidade, pois a matéria de que são formados encontra-se delimitada pela mais perfeita forma que lhes possa convir. Não desejam outra. E desses elementos são provavelmente formados os corpos supracelestes, Pois situamos a água realmente acima do firmamento e do cristalino. E o mesmo podemos dizer dos outros elementos.

Desses elementos são compostos os corpos supracelestes, pelo poder divino ou pelas inteligências, através das quais o dito poder atua. Esses elementos não podem engendrar peso nem leveza, pois são acidentes que não pertencem não mais do que às terras grosseiras e bastas. Não obstante, produzem o fenômeno da coloração, pois as variedades da luz são devidas a um fluido imponderável. Assim os corpos supracelestes parecem de cor dourada e reluzentes como se eles mesmos fossem alcançados por um raio de luz, como um disco dourado reluz e projeta seu esplendor, quando lhes chegam os raios do sol.

Os astrólogos atribuem a esses elementos a causa dos brilhos e da coloração dourada das estrelas, como demonstram Isaac e Rogerius no livro *De Sensu*, e, dado que foram engendradas com certas qualidades dos elementos, deduzimos que está na natureza elementar o possuí-las.

Mas, como esses elementos são, por natureza, de uma pureza infinita e jamais se mesclaram a nenhuma substância inferior, obrigatoriamente deduzimos que nos corpos celestes devem encontrar-se corporificados e numa proporção tal que não podem separar-se uns dos outros. E isto não nos deve surpreender em absoluto, pois, cooperando com a natureza pelos procedimentos da arte, eu mesmo separei os quatro elementos de vários corpos inferiores, de forma que obtive, separadamente, cada um deles, a água, o fogo ou a terra.

Purifiquei cada um desses elementos tanto quanto me foi possível, um após outro, mediante uma operação secreta, e uma vez isto concluído, obtive uma coisa admirável (*quaedam admirabilis res*) que não está submetida a nenhum dos elementos inferiores, pois deixando-a tanto tempo

quanto quisesse no fogo, não é consumida, nem sofre nenhuma mudança.

Não estranhem, pois, que os corpos celestes sejam de uma natureza incorruptível, já que são totalmente compostos de elementos e sem dúvida alguma a substância que eu obtive participava também da natureza desses corpos. Por isso, Hermes, que foi três vezes grande em filosofia, expressa-se assim: "Foi para mim uma grande alegria, sem comparação a nenhuma outra, o chegar à perfeição da minha obra e ver a quintessência sem mescla alguma da matéria dos elementos inferiores".

Uma parte de fogo possui mais energia do que cem partes de ar e, por conseguinte, uma parte de fogo pode facilmente dominar mil partes de terra. Ignoramos conforme qual proporção absoluta tem lugar a mescla desses elementos; contudo, pela prática da nossa arte observamos que quando os quatro elementos são os extraídos dos corpos e purificados cada um separadamente, é necessário para concluir sua conjunção, tomar pesos iguais de água, ar e terra, enquanto que não há que acrescentar mais do que dezesseis avos da parte do fogo.

Esta é a proporção que forma todos os elementos, ainda que pese que as propriedades do fogo, não obstante, dominem sobre as demais. Projetando uma parte sobre mil de mercúrio, observamos que se coagula e que se torna vermelho. Por isso é evidente que uma composição tal é de uma essência próxima a dos corpos celestes, já que na transmutação se comporta como o princípio ativo mais enérgico.

CAPÍTULO II

Dos corpos inferiores da natureza e das propriedade dos minerais e das pedras

Vamos agora tratar dos corpos inferiores. Como estão divididos em minerais, plantas e animais, começaremos por estudar a natureza e as propriedades dos minerais.

Os minerais dividem-se em pedras e metais. Estes últimos são formados de acordo com as mesmas leis e seguindo as mesmas proporções quantitativas que as outras criaturas, só que sua construção particular é o resultado de um número muito maior de operações e de transmutações do que a dos elementos ou dos corpos supracelestes, pois a composição da sua matéria é pluriforme.

A matéria que compõe as pedras é, pois, de uma natureza muito inferior, grosseira e impura, contendo mais ou menos terra, conforme o grau de pureza da pedra, como disse Aristóteles no seu livro dos Meteoros (que alguns atribuem a Avicena).

A pedra não é formada de terra pura, é um pouco terra aquosa, assim como vemos algumas pedras formarem-se nos rios ou extrair-se o sal por evaporação da água salgada. Esta água que possui muita terra coagula-se em forma petrificada pelo calor do sol ou do fogo.

A matéria de que se compõem as pedras é, pois, um a água grosseira. O princípio ativo é o calor ou o frio que coagulam a água, extraindo sua essência lapidiforme. Esta constituição das pedras é confirmada pelo exemplo dos animais e das plantas, que sentem as propriedades das pedras e inclusive as produzem eles mesmos, o que merece ser considerado com a maior atenção.

Algumas dessas pedras encontram-se sob efeito de coagulados em animais, por mediação do calor e algumas vezes possuem propriedades mais enérgicas do que aquelas que não procedem deles e formaram-se conforme a via ordinária.

Outras propriedades são formadas pela natureza mesma, ativada pela virtude de outros minerais. Pois, disse Aristóteles, ao mesclarem-se duas águas diferentes, obtém-se o chamado Leite da Virgem, que se coagula, por si mesmo, em pedra. Para isso se diz que se há de mesclar litargírio dissolvido em vinagre com uma solução de sal alcalino e pese a que ambos os líquidos sejam muito claros e, ao efetuar sua conjunção, formarão imediatamente uma água espessa e branca como o leite.

Embebidos nesta água, os corpos que se querem transformar em pedras se coagularão de imediato. Se a cal da prata ou qualquer outro corpo semelhante se atira a esta água e se tratar-se com o fogo suave, se coagulará.

O Leite da Virgem possui realmente a propriedade de transformar qualquer cal, em pedra. Igualmente no sangue, os ovos, o cérebro, o cabelo e outras partes do corpo dos animais, tornam-se pedras, de uma virtude e uma eficácia admirável. Se tomarmos, por exemplo, sangue humano e o deixamos apodrecer no esterco quente e depois o colocamos no alambique, destilará uma água branca semelhante ao leite.

Se aumentarmos seguidamente o fogo, destilará uma espécie de azeite. Finalmente se retifica o resíduo (faeces) que fica no alambique e se torna branco como a neve.

Se o misturamos com azeite deixando-o sobre ele, forma-se então uma pedra límpida e vermelha, de uma eficácia e virtude admiráveis, que detém as hemorragias e cura numerosas enfermidades. Extraímos também uma das plantas pelo seguinte método: queimamos as plantas no forno de calcificação, em seguida convertemos esta cal em água, que destilamos e coagulamos. Transforma-se então numa pedra dotada de virtudes mais ou menos grandes, conforme a virtude das plantas usadas e sua variedade. Alguns produzem pedras artificiais que examinadas minuciosamente são semelhantes a todas as pedras naturais, tornam-se topázios que não diferem em nada dos naturais e também safiras por um procedimento idêntico.

Diz-se que a matéria de todas as pedras preciosas é o cristal, uma água que possui muito pouca terra coagulada sob a ação de um frio muito intenso. Pulveriza-se cristal sobre um mármore, embebe-se-lhe de águas fortes e de dissolventes

74 | Tratado da Pedra Filosofal e a Arte da Alquimia

enérgicos, recomeçando várias vezes, dessecando-o e pulverizando-o de novo para umedecê-lo depois outra vez com os dissolventes, até que a mescla não forme mais do que um corpo totalmente homogêneo, coloca-se o mesmo em seguida, sobre o esterco, onde, ao final de certo tempo, se converterá em água que se destila e se clarificará e volatizará em parte. Em seguida tomamos outro líquido vermelho, feito de vitríolo vermelho calcinado e de urina de crianças. Mesclam-se e destilam da mesma forma um grande número de vezes estes dois licores seguindo os pesos e as proporções necessárias, depositam-se no tanque de esterco a fim de que se mesclem mais intimamente e depois se lhes coagula de forma química com um fogo lento, o que forma uma pedra, semelhante em tudo ao topázio. Quando se quiser fazer uma safira, o segundo licor forma-se com urina de azul escuro em ligar de vitríolo vermelho e assim todas as demais, coforme a diversidade das cores, naturalmente a água usada deve ser da mesma natureza que a pedra que se queira produzir. O princípio ativo é, pois, o calor ou o frio, e assim o frio intenso ou o calor suave extraem da matéria a forma da pedra que não estava mais do que em potência e como sepultada no fundo da água. Nas pedras, como em todas as demais coisas, podem distinguir-se três coisas, podem distinguir-se três atributos: a substância, a virtude e a ação. Podemos julgar suas virtudes pelas ações ocultas e muito eficazes que produzem, assim como julgamos as ações da natureza e dos corpos supracelestes.

Não há, pois, dúvida de que possuem certas propriedades e virtudes ocultas dos corpos supra celestes e que participam de sua substância, o que não quer dizer que sejam compostas da mesma substância que as estrelas, mas que possuem as virtudes sublimadas dos quatro elementos, já que algumas pedras participam um pouco da constituição das estrelas ou corpos supra celestes, tal como manifestei ao tratar dos referidos corpos. Tendo isolado os quatro elementos de alguns corpos, purifiquei-os e assim purificados os combinei; obtive então uma pedra de uma eficácia e de uma natureza tal que os quatro elementos grosseiros e inferiores da nossa esfera não tinham ação alguma sobre ela.

E falando desta operação que Hermes (Pai, como lhe chama Aristóteles, três vezes grande e que conheceu todas as ciências, tanto na sua essência como na sua aplicação) é falando, digo, desta operação quando manifestou;

"Foi, para mim, a maior felicidade possível ao ver a quintessência desprovida das qualidades inferiores dos elementos".

Parece, pois, evidente que certas pedras participam um pouco da quintessência, o que é certo e foi manifestado pelas operações da nossa arte.

CAPÍTULO III

Da constituição
e da essência dos metais

Os metais são formados pela natureza, cada qual conforme a constituição do planeta que lhe corresponde e é desta forma como o artista deve operar. Existem, pois, sete metais que participam cada um de um planeta, a saber: o ouro vem do sol e dele traz o nome; a prata, da lua; o ferro, de Marte; a parta viva, de Mercúrio; o estanho, de Júpiter; o chumbo, de Saturno; o cobre e o bronze, de Vênus. Estes metais, além disso, tomam o nome dos seus planetas.

Da matéria essencial dos metais

A primeira matéria de todos os metais é o mercúrio. Encontram-se alguns congelados ligeiramente e outros muito mais.

Assim se pode estabelecer uma classificação dos metais, baseada no grau de ação de seu planeta correspondente, na perfeição do seu enxofre, no grau de congelamento do seu mercúrio e na terra que possuem, o que lhes designa um lugar determinado em relação a todos os demais metais.

Assim, o chumbo não é outra coisa senão um mercúrio terrestre, quer dizer, que participa da terra, fracamente congelado e mesclado com um enxofre sutil e escasso. Como a ação do seu planeta é frágil e remota, encontra-se em inferioridade em relação ao estanho, ao cobre, ao ferro, à prata e ao ouro.

O estanho é prata viva sutil, pouco coagulada, mesclada a um enxofre grosseiro e impuro. Por isso está sob a dominação do cobre, do ferro, da prata e do ouro.

O ferro é formado de um mercúrio grosseiro e terrestre e de um enxofre muito impuro e também terrestre, mas a ação do seu planeta o coagula intensamente, por isso não encontramos acima dele, mais do que o cobre, a prata e o ouro.

O cobre é formado de um enxofre poderoso de um mercúrio bastante grosseiro.

A prata é formada de um enxofre branco, claro, sutil, que não queima e de um mercúrio sutilmente coagulado, limpo e claro, sob a ação do planeta da lua. Por isso não está mais que abaixo do domínio do ouro.

O ouro, verdadeiramente o mais perfeito de todos os metais, é composto de um enxofre vermelho, claro e sutil e de um mercúrio sutil e claro, posto intensamente em ação pelo sol. Por isso o enxofre não lhe pode queimar, ao contrário do que ocorre com todos os demais metais.

É, pois, evidente que pode fazer-se outro de todos estes metais e que de todos, excetuando o ouro, pode fazer-se a prata. Podemos convencer-nos com o exemplo das minas de ouro e de prata de que se extraem outros metais, mesclados com as manchinhas de ouro e de prata. Não há dúvida de que esses metais se teriam transformado, eles mesmos, em ouro e prata, se tivessem permanecido na mina o tempo necessário para que a ação da natureza tivesse podido manifestar-se.

Quanto a saber se é possível fazer artificialmente ouro com os outros metais, destruindo as formas das suas substâncias e a forma em que há que operar, isso abordaremos no tratado *De esse et essentia rerum sensibilium*. Aqui vamos admiti-lo como uma verdade demonstrada.

Capitulo IV

Da transmutação dos metais e da que tem lugar conforme a arte

A transmutação dos metais pode realizar-se artificialmente ao mudar a essência de um metal na essência de outro, pois o que está em potência pode evidentemente converter-se em ato, como disse Aristóteles ou Avicena: "Os alquimistas sabem que as espécies não podem jamais serem transmutadas verdadeiramente, mais do que quando se pratica a redução à sua primeira matéria".

Esta primeira matéria de todos os metais, conforme a opinião de todos, aproxima-se muito da natureza do mercúrio. Mas, ainda que esta redução seja em grande parte obra da natureza, não é inútil

Capítulo IV | 87

ajudá-la por mediação da arte. Isto é difícil e é nesta operação onde se comete um grande número de faltas e onde muitos dissipam em vão sua juventude e suas forças e seduzem reis e os grandes com promessas vãs que não podem cumprir, ao não saberem discernir os livros errôneos, as impertinência, nem as falsas operações descritas pelos ignorantes, no final, não obtêm mais do que um resultado totalmente nulo.

Considerando que os reis, depois de muitas operações minuciosas, não puderam chegar à perfeição, pensei que esta ciência era falsa. Reli os livros de Aristóteles e Avicena, onde encontrei a verdade tão velada sob enigmas, que pareciam sem sentido. Li os livros dos seus detratores e encontrei loucuras semelhantes.

Finalmente considerei os princípios da natureza e neles encontrei a Via da Verdade.

Observei que o mercúrio penetrava e atravessava os outros metais, pois, se se tem o cobre com prata viva mesclada com igual quantidade de sangue e de argila, esse cobre será penetrado interior e exteriormente e se tornará branco, ainda que esta cor não seja permanente.

Sabemos já que a prata viva mescla-se com os corpos e os penetra. Considerei, pois, que se esse mercúrio fosse retido, não poderia escapar e que se eu pudesse encontrar um meio de fixar a disposição das suas moléculas com os corpos, ocorreria que o cobre e os outros corpos mesclados com ele não poderiam ser queimados por aqueles que, queimando-os normalmente, não tem ação alguma sobre o mercúrio, pois este cobre seria então semelhante ao mercúrio e possuiria suas mesmas qualidades.

Sublimei uma quantidade de Mercúrio suficientemente grande para que a fixação das suas disposições internas não fosse alterada, quer dizer, para que não se sutilizasse no fogo. Uma vez sublimado, o fiz dissolver-se em água a fim de reduzi-lo à matéria-prima, com esta água embebi cal de prata e de arsênico sublimado e fixo. Depois dissolvi todo o esterco quente de cavalo. Congelei a dissolução e obtive uma pedra clara com o cristal que tinha a propriedade de dividir, de partir as partículas dos corpos, de penetrá-los e de fixar-se a eles com intensidade, de tal sorte que um pouco desta substância projetada sobre uma grande quantidade de cobre, transformou-a imediatamente numa prata tão pura que era impossível encontrar melhor.

Quis comprovar se igualmente poderia converter em ouro nosso enxofre vermelho. Fiz com que fervesse em água forte e fogo lento. Uma vez que esta água se tornou vermelha, destilei-a num alambique e obtive como resultado no fundo da cucúrbita, um enxofre vermelho puro que congelei com a referida pedra branca, a fim de torná-la vermelha. Projetei uma parte sobre certa quantidade de cobre e obtive um ouro muito puro.

Quanto ao procedimento oculto que empreguei, não o indico mais do que em suas linhas gerais e não o escrevo aqui, para que ninguém comece a operar, a menos que conheça perfeitamente os modos de sublimação, de destilação e de congelamento e que seja experto na forma dos vasos e nos fornos e na quantidade e qualidade do fogo. Também trabalhei por mediação com o arsênico e obtive uma prata muito boa, mas não perfeitamente pura. Obtive igualmente o mesmo resultado com o oropimente sublimado, é o método chamado transmutação de um metal em outro.

CAPÍTULO V

Da natureza e da produção de um novo sol e de uma nova lua pela virtude do enxofre extraído da pedra mineral

Há, não obstante, um modo mais perfeito de transmutação que consiste em converter mercúrio em ouro e prata, por meio do enxofre vermelho ou branco, claro, simples, como o ensina Aristóteles em *In secretis secretorum*, com um método muito vago e confuso, pois é este "o segredo dos sábios", disse a Alexandre: "A providência Divina aconselha-o a esconder seu desígnio e levar a termo o mistério que vou expor-lhe de forma obscura, ao enumerar algumas

92 | Tratado da Pedra Filosofal e a Arte da Alquimia

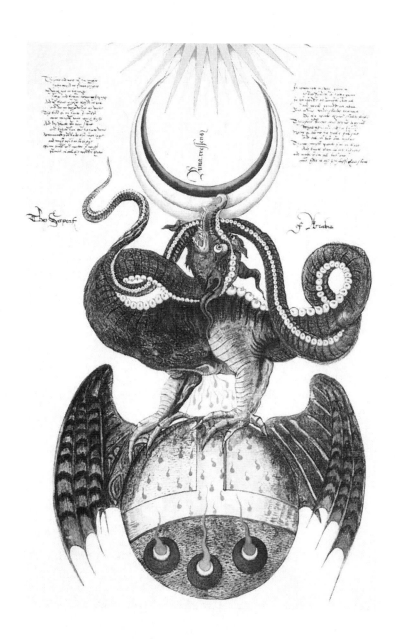

das coisas das quais pude extrair esse princípio verdadeiramente poderoso e nobre".

Esses livros não são publicados para o vulgo, mas para os iniciados.

Se alguém, de suas forças, começasse a obra, exorto-o desde aqui a não fazê-lo, a menos que seja muito experto e hábil no conhecimento dos princípios naturais e que saiba empregar com discernimento os modos de destilação, dissolução, congelamento e, sobretudo, os diversos tipos e graus de fogo.

Além do mais, quem quisesse realizar a obra por avareza não o conseguiria, mas somente aquele que trabalhe com sabedoria e discernimento.

A pedra mineral de que há de servir-se para produzir esse efeito, é precisamente, o enxofre branco e o vermelho-claro, que não arde e que se obtém pela separação, pela depuração e pela conjunção dos quatro elementos.

Enumeração das obras minerais

Tome, em nome de Deus, uma libra desse enxofre. Triture-o fortemente sobre o mármore e embeba-o com uma libra e meia de azeite de oliva muito puro do que usam os filósofos. Reduza-o todo numa pasta que porá numa frigideira (*sartagine physica*) e que dissolverá no fogo, quando vir subir uma espuma vermelha, retirará a matéria e deixará descer a espuma sem parar de remover com uma espátula de ferro, logo volte de novo ao fogo e repetirá esta operação esta operação até que tenha a consistência do mel. Em seguida, voltará a por a matéria sobre o mármore, onde se congelará como a carne ou como o fígado cozido.

Cortá-lo-á seguidamente em vários pedaços e tamanho da forma da unha e, com um peso igual à quintessência de azeite de tártaro, tornará a levá-lo ao fogo durante duas horas aproximadamente.

Prosseguindo, encerre a obra numa ânfora de vidro bem tampada, com o selo da sabedoria. Deixará sobre o fogo lento durante três dias e três noites. Depois porá a ânfora com a medicina em água fria durante outros três dias. Depois cortará de novo a obra em pedaços do tamanho da sua unha e a colocará numa cucúrbita de cristal sobre o alambique. Destilará assim uma água branca parecida com o leite, que é o verdadeiro Leite da Virgem.

Quando esta água estiver destilada, aumentará o fogo e a transvazará à outra ânfora. Toma agora ar que seja semelhante ao ar mais puro e mais perfeito, porque é esse o que contém o fogo. Calcina no forno de calcinação a terra negra que resta no fundo da cucúrbita até que se torne branca como a neve. Ponha-a em água destilada sete vezes, a fim de que uma folha de cobre abrasada e apagada por três vezes torne-se totalmente branca. Deve-se fazer com a água o mesmo que foi feito com o ar. Na terceira destilação encontrará o azeite e toda a tintura como um fogo no fundo da cucúrbita Você começará uma segunda e uma terceira vez e recolherá o azeite. Em seguida, pegará o fogo que fica no fundo da cucúrbita semelhante a sangue negro e macio. Guardá-lo-á para destilá-lo e prová-lo com a lâmina de cobre, como fez com a água. Agora conhece o modo de separar os quatro elementos. Não obstante, o modo de uni-los é ignorado por todos.

Pegue a terra e triture-a sobre uma mesa de cristal ou de mármore muito limpa. Embeba-a num peso igual de água até que forme uma pasta. Coloque-a num alambique e a destile. Embeba de novo o que lhe restará no fundo da cucúrbita com a água que terá destilado até tê-la absorvido totalmente.

A seguir, embeba-a numa quantidade igual de ar, usando deste como uso a água e obterá uma pedra cristalizada, que, projetada em pequena quantidade sobre o mercúrio, o converterá em prata verdadeira.

É esta a virtude do enxofre branco formado de três elementos: a terra, a água e o ar. Se tomar agora uns dezessete avos de parte do fogo e a mesclar com os três elementos citados, destile-os e embeba-os como dissemos e obterá uma pedra vermelha, clara, simples, que não arde e da qual, uma pequena parte projetada sobre uma considerável massa de mercúrio o converterá em ouro puro. Este é o método para aperfeiçoar a pedra mineral.

Capítulo VI

Da pedra natural, animal e vegetal

Existe outra pedra que, segundo Aristóteles, é uma pedra que não é uma pedra. É, por sua vez, mineral, vegetal e animal. Encontra-se em todos os lugares e em todos os homens e é a dita pedra que deverá putrificar na esterqueira e colocá-la depois dessa putrefação numa cucúrbita sobre o alambique.

Extrairá os elementos do modo dito, efetuará sua conjunção e obterá uma pedra de grande eficácia e virtude.

Não estranhe que tenha dito para purificá-la no esterco quente de cavalo, tal como deve fazê-lo o artista, pois, se colocarmos ali pão de trigo candial, após nove dias se transformará em carne mesclada com sangue.

É por esse motivo, creio, que Deus quis escolher o pão de trigo, com preferência a qualquer outra matéria, pois é o alimento primeiro do corpo antes de qualquer outra substância e dele se podem facilmente extrair os quatro elementos e fazer uma obra excelente.

De tudo o que foi dito se deduz que todo corpo composto pode ser reduzido a mineral, e não somente pela natureza, mas também pela arte. Bendito seja Deus que deu aos homens semelhante poder, já que, imitando a natureza, pode transmutar as espécies, o que a natureza indolentemente não efetua senão depois de um tempo imenso. Vejam, a seguir, outros métodos de transmutação dos metais, tal como se encontram nos livros das Tosas de Arquelaus, no sétimo livro dos Preceitos e em outros muitos tratados de Alquimia.

CAPITULO VII

Da maneira de operar mediante o Espírito

Há um modo de operar mediante o espírito, e é importante saber que existem quatro categorias de espíritos, assim chamados, porque se volatilizam ao contato com o fogo e participam da natureza dos quatro elementos, são eles: o enxofre, que possui a natureza do fogo; o sal amoníaco; o mercúrio, que possui as propriedades da água e ao qual, todavia, se chama servidor fugitivo (*servus fugituvus*) e o oropimente ou arsênico, que possui o espírito da terra.

Alguns operaram mediante um destes espíritos, sublimando-o e convertendo-o em água, destilando-o e congelando-o, depois, tendo-lhe protegido sobre cobre, operaram a transmutação.

Outros se serviram de dois destes espíritos. Outros de três e outros, enfim, dos quatro juntos. Este é o método: após ter sublimado cada um destes elementos separadamente, em grande número de vezes, até que fiquem firmes e depois de tê-los destilados e depois dissolvidos em água forte e tê-los embebidos com dissolventes enérgicos, reduza-se todas essas águas, destile-as e congele-as de novo todas juntas, obtendo uma pedra branca como o cristal que projetada em pequena quantidade sobre um metal qualquer, muda-o em verdadeira lua. Dizem geralmente que esta pedra é composta dos quatro elementos levados a um alto grau de pureza.

Outros creem que a compõe um espírito unido com os corpos. Mas eu não creio que este método seja verdadeiro e creio que é ignorado por todos, ainda que Avicena cite algumas palavras em sua Epístola. Irei experimentá-lo quando tiver o lugar e o tempo adequados.

Capítulo VIII

Da preparação dos fermentos de Saturno e de outros metais

Tome, pois, duas partes de Saturno (chumbo) se quiser levar adiante a obra do sol, ou melhor, duas partes de Júpiter (estanho) para a obra da lua. Acrescente uma terceira parte de mercúrio a fim de formar um amálgama, que será uma espécie de pedra muito frágil que mesclará com cuidado sobre o mármore embebendo-a de vinagre muito ácido e de água que contenha em dissolução sal comum, preparada da melhor forma, embebendo e dessecando cada vez, até que a substância tenha absorvido o máximo de água. Então embeberá esse lingote com água de alúmen a fim de obter uma pasta branda que dissolverá em água. Destilará seguidamente esta dissolução três ou quatro vezes, a cogelará e obterá uma pedra que converte Júpiter em lua.

CAPITULO IX

Do procedimento de redução de Júpiter, também chamado a Obra do Sol

Para a Obra do Sol, tome vitríolo bem depurado, vermelho e bem calcinado e dissolva-o em urina de crianças. Destile tudo e repita tantas vezes quantas forem necessárias até obter uma água muito vermelha. Mescle então essa água com a citada anteriormente, antes do congelamento. Coloque ambos os corpos na esterqueira durante alguns dias a fim de que se acoplem melhor e, depois, destilados e congelados conjuntamente. Obterá, então, uma pedra vermelha semelhante ao topázio e dela uma parte projetada sobre sete

Questa Pietra è composta di quattro Elementi

Qui totalmente si dissoluano li / si fa acqua permanente, ferma, bian Corpi in argento nostro viuo, et / ca come acqua.

partes de mercúrio ou de Saturno bem puro se transformará em ouro.

Noutros livros encontra-se uma multidão de outras operações confusas e de número infinito que não fazem senão induzir os homens a erro e do que é supérfluo o falar. Não tratei desta ciência por cobiça, mas a fim de constatar os efeitos admiráveis da natureza e para investigar suas causas, não somente as gerais, mas também as especiais e imediatas. Tratei dela amplamente, assim como da separação dos elementos dos corpos.

Esta obra é verdadeiramente certa e perfeita, mas exige tanto trabalho e eu sofro tanto pela imperfeição do meu corpo que não a intentaria, salvo no caso de necessidade angustiante. O que aqui manifestei dos minerais é mais do que suficiente.

CAPÍTULO X

Tratado sobre a arte da Alquimia – St. Tomás de Aquino

I – Dedicado ao irmão Reinaldo

Por suas assíduas petições, meu querido irmão, proponho-me descrever-lhe neste breve tratado, dividido em oito capítulos, certas regras simples e eficazes para nossas operações, assim como o segredo das verdadeiras tinturas, mas antes de nada tenho de recomendar-lhe três coisas.

Primeiro, não preste demasiada atenção às palavras dos filósofos modernos ou antigos que trataram desta ciência, pois a Alquimia consiste totalmente na capacidade de entendimento e na demonstração experimental. Os filósofos,

querendo esconder a verdade, falaram quase todos de forma figurativa.

Segundo, não aprecie nem estime nunca a pluralidade das coisas, nem as composições formadas de elementos heterogêneos, pois a natureza não produz nada se não é mediante os semelhantes, ainda que o cavalo e o burro possam produzir a mula, esta é uma geração imperfeita, como a que pode produzir-se por um acaso excepcional com substâncias variadas.

Terceiro: não seja indiscreto, vigie suas palavras e, como filho prudente, não atire pérolas aos porcos.

Mantenha sempre presente no seu espírito o fim pelo qual empreendeu a obra. Assegure-se de que constantemente tem ante seus olhos estas regras que foram dadas por Alberto, o Grande, não terá que pedir nada aos reis e aos grandes, pelo contrário, os reis e os grandes o cobrirão de honras. Será admirado por todos, servindo mediante esta arte aos reis e aos prelados, pois, não somente socorrerá suas necessidades, mas também ajudará a todos os indigentes e o que der deste modo, terá tanto valor na eternidade como uma oração. Que estas regras sejam, pois, guardadas no fundo do seu coração sob um triplo selo inviolável, já que no meu outro livro, destinado ao vulgo, falei de filosofia, enquanto aqui, confiando na sua discrição, revelo-lhe os segredos mais ocultos.

II – Da operação

Tal como ensina Avicena, na sua epístola ao rei Assa, nossa busca vai encaminhada para uma substância verdadeira, por mediação de várias intimamente fixadas, substância que, situada no fogo, é mantida e alimentada por ele, que é demais penetrante e ativa, que tinge o mercúrio e os outros corpos. Tintura muito verdadeira, que tem o peso requerido e que sobrepuja por sua excelência a todos os tesouros do mundo.

Para fazer esta substância, como disse Avicena, há que ter paciência, tempo e os instrumentos necessários.

Paciência porque, segundo Geber, a precipitação é obra do diabo, assim, quem não tem paciência deve suspender o trabalho.

Tempo porque, em toda ação natural resultante de nossa arte, os meios e o tempo estão rigorosamente determinados.

Os instrumentos necessários não são um grande número, pois, como veremos a seguir, nossa obra vai adiante por mediação de uma coisa, de um vaso, de uma só via e de uma só operação, tal como ensina Hermes. Pode-se fazer a medicina com a aglomeração de vários princípios, não obstante, não é necessária mais do que uma só matéria e nenhuma outra coisa estranha, salvo o fermento branco ou vermelho.

Toda a obra é puramente natural, basta observar as diversas cores conforme o tempo em que aparecem.

No primeiro dia há que levantar-se cedo e ver se a vida está em flor e se se transforma em cabeça de corvo, pois passa por cores diversas, entre as que há a destacar o branco intenso, que é o que esperamos, e o que revela nosso rei, quer dizer, o elixir ou pó simples, que tem tantos nomes como há coisas no mundo.

Para terminar em poucas palavras, nossa matéria ou magnésia é a placa viva preparada com urina de crianças de doze anos, imediatamente após sua emissão e que não tenha servido nunca para a grande obra. Pelo vulgo, é chamada terra de Espanha ou Antimônio, mas, observe bem, não

estou designando o mercúrio comum de que se servem alguns sofistas e que não dá mais do que um resultado medíocre, pese os grandes gastos que ocasiona. Se decidir-se a trabalhar com ele, chegará inevitavelmente à verdade, mas somente após uma interminável cocção e digestão. Siga melhor o bem-aventurado Alberto, o Grande, meu mestre, e trabalhe com a prata viva mineral, pois só nela, está o segredo da obra. Efetue depois a conjunção das duas tinturas, a branca e a vermelha, procedentes das duas metades perfeitas que, unicamente elas, dão uma tintura perfeita. O mercúrio não comunica com esta tintura, senão depois de tê-la recebido, é por isso que ao mescla-las as duas, se unirão melhor com ele e o penetrarão mais intimamente.

III – Da composição do Mercúrio e da sua separação

Ainda que nossa obra se complete unicamente com nosso mercúrio, este tem, não obstante, necessidade do fermento vermelho ou branco. Então se mesclará com facilidade com o sol e a lua, pois estes dois corpos participam muito de sua natureza

118 | *Tratado da Pedra Filosofal e a Arte da Alquimia*

e são também mais perfeitos do que os demais. A razão é que os corpos são mais perfeitos quanto mais mercúrio contêm. Assim o sol e a lua, por conterem mais do que os outros, mesclam-se com o vermelho e com o branco e fixam-se no fogo, pois é o mercúrio só o que aperfeiçoa a obra. Nele encontramos tudo quanto necessitamos, sem que tenhamos a necessidade de acrescentar nada mais.

O sol e a lua não lhe são estranhos, já que desde o princípio da obra são reduzidos à sua matéria prima, quer dizer, ao mercúrio. Nele tem, pois, sua origem. Alguns se esforçam por acabar a obra mediante o mercúrio só ou a simples magnésia, lavando-os em vinagre muito ácido, cozendo-os em azeite, sublimando-os, queimando-os, calcinando-os, destilando-os, retirando suas quintessências, torturando-os mediante os elementos e causando-lhes infinidade de suplícios, pensado que estas operações lhe serão rentáveis e finalmente não tiram mais do que um resultado muito modesto.

Creia-me, filho meu, todo nosso mistério consiste somente no regime e na distribuição do fogo e na direção inteligente da obra.

Não temos senão muito pouco a fazer. É a virtude do fogo bem dirigido quem opera sobre nossa obra, sem que tenhamos grande trabalho, nem muitos gastos, pois, estando nossa pedra no seu estado primário, quer dizer, quer dize, a primeira água, o Leite da Virgem, a Cauda do Dragão, uma vez dissolvida, calcina-se, sublima-se, destila-se, reduz-se, lava-se e congela-se ela mesma e com a virtude do fogo bem proporcionado, conclui-se só num único vaso e sem nenhuma outra operação manual. Verá, pois, filho meu, que os filósofos falaram figurativamente de operações manuais.

A fim de que esteja seguro sobre a purificação do nosso mercúrio, vou ensinar-lhe sua preparação simples. Tome, pois, mercúrio mineral ou Terra de Espanha, ou Antimônio ou Terra Negra, que é o mesmo e que não tenha sido empregado antes em nenhuma outra operação.

Pegará vinte e cinco libras ou um pouco mais e as fará passar através de um pedaço de linho que não seja muito espesso e é esta a verdadeira lavagem. Veja bem, depois da operação, que não fique nenhuma impureza ou escória no pano, pois, então, o mercúrio não poderá ser usado em nossa

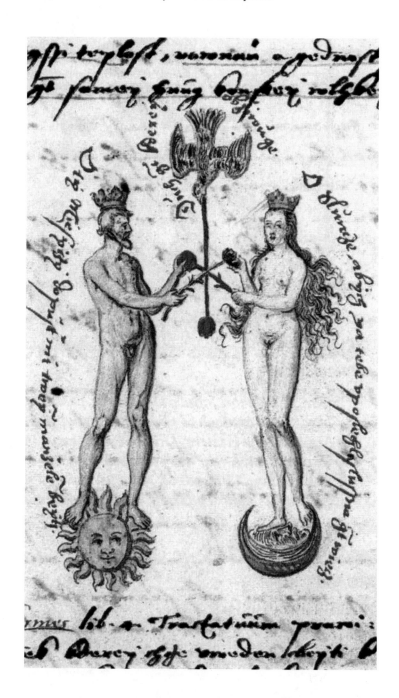

obra. Se não aparecer nada, pode considerá-lo excelente. Grave bem que não é necessário acrescentar nada a esse mercúrio e que a obra pode ser com ele concluída.

IV – Da composição do Sol e de Mercúrio

Pegue o sol comum muito depurado, quer dizer, aquecido ao fogo, o que dá um fermento vermelho. Pegue duas onças e corte-as em pedacinhos com as tesouras. Junte catorze onças de mercúrio que exporá ao fogo num ladrilho oco, depois dissolva o ouro removendo com uma varinha de madeira.

Quando estiver bem diluído e mesclado, ponha-o na água clara numa tigela de cristal ou de pedra, lave-o e limpe-o até que a água perca a negrura, então, se concentrar-se, ouvirá a voz do pássaro (*vox turturis*) em nossa terra. Quando estiver bem purificado, coloque o amálgama num pedaço de couro atado em sua parte superior à maneira de um saco, depois pressionará fortemente para que passe através dele.

Quando duas onças estiverem assim prensadas, as catorze restantes estarão aptas para serem usadas em nossa operação. Tenha bastante cuidado para não extrair mais do que duas onças, nem mais, nem menos, se tiver mais, as separará, se houver menos, deverá acrescentar. E estas duas onças assim selecionadas, que são chamadas Leite da Virgem, serão reservadas para a segunda operação.

Transponha agora a matéria para um vaso de cristal e ponha-o no forno já descrito. Em seguida, depois de acender o fogo baixo, deverá aquecer dia e noite sem extinguir o fogo jamais. A chama deverá estar totalmente fechada, envolvendo o atanor, que deverá estar bem fixo sobre o forninho e bem selado com o selo da sabedoria. Se, depois de um mês ou dois, tiver observado as flores explosivas e as principais, quer dizer, o negro, o branco, o cítrico e o vermelho, então, sem nenhuma outra ação de suas mãos, só pela direção do fogo, o que estava manifestado será e o que estava escondido se manifestará. Assim nossa matéria chega, por ela mesma, ao elixir perfeito, convertendo-se num pó muito sutil chamado terra morta e homem morto no sepulcro, ou magnésia seca.

Este espírito está escondido no sepulcro e a alma está quase separada.

Quando houver transcorrido vinte e seis semanas, desde o começo da obra, o que era grosseiro se tornará sutil, o que era rude se tornará brando, o que era doce se tornará amargo e pela virtude oculta do fogo se concluirá a conversão dos princípios. Quando o pó estiver totalmente seco e tenha concluído estas operações, ensaiará a transmutação do mercúrio, depois lhe ensinarei outras duas, já que uma parte desta obra, não pode, todavia, transmutar mais do que sete partes de mercúrio muito puro.

V – Do amálgama ao branco

Segue-se o mesmo método para obter o fermento branco ou o fermento da lua. Mistura-se esse fermento branco com sete partes de mercúrio muito puro como fizemos com o branco. Pois, numa obra para o branco não entra outra matéria mais do que o branco e, na obra para o vermelho, não entra outra coisa mais do que o vermelho. Assim, nossa água tornou-se branca ou vermelha,

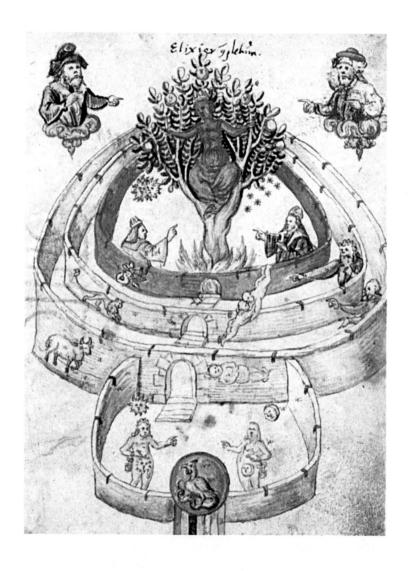

conforme o fermento acrescentado e o tempo empregado. E pode tingir o mercúrio ao branco, igual ao que foi feito para o vermelho.

Obsermos, ainda, que prata em folha é mais útil do que em lingotes, pois se une mais facilmente ao mercúrio. Deve amalgamar-se com mercúrio frio, não quente. Neste ponto muitos erraram ao dissolver seu amálgama em água forte para depurá-la, e se houvessem examinado qual é a composição da água forte teriam reconhecido que não podem senão destruí-lo. Outros, querendo trabalhar com o ouro ou a prata, conforme as regras deste livro, erram a o dizer que o sol não tem umidade e o fazem dissolver-se em água corrosiva e logo o deixam digerir num vaso de cristal bem fechado durante alguns meses, mas é melhor extrair a quintessência pela virtude do fogo sutil, num vaso de circulação chamado pelicano.

O sol mineral, assim como a lua, está mesclado com tal quantidade de imundícies que sua purificação é necessária e não é um trabalho de mulheres, nem um brinquedo de crianças, pelo contrário, a dissolução, a calcinação e outras operações necessária para concluir a grande obra são um trabalho de homens robustos.

VI – Da segunda e da terceira operação

Uma vez terminada esta primeira parte, procedemos a efetuar a segunda. Há que acrescentar sete partes de mercúrio ao corpo obtido em nossa primeira obra, chamada Cauda de Dragão ou Leite da Virgem. Faça passar todas através do couro e retenha sete partes. Lave e ponha o total um vaso de ferro, depois no forninho, tal como se procedeu pela primeira vez e empregará o mesmo tempo aproximadamente, até que se forme de novo pó. Irá recolhê-lo e o encontrará muito mais fino e mais sutil do que da primeira vez, pois está muito mais digerido. Uma parte chega a sete vezes sete em elixir.

Continue a terceira operação, tal como fez com a primeira e com a segunda. Acrescente ao pó obtido na segunda operação sete partes de mercúrio puro e ponha-as no couro de tal forma que fique uma sétima parte, como anteriormente. Faça cozer tudo de novo, reduza-o a pó muito sutil, que, projetado sobre mercúrio, atingirá sete vezes quarenta e nove partes.

A razão disto é que quanto mais digerida está a nossa medicina, mais sutil se torna. Quanto é mais sutil, mais penetrante é. E quanto mais penetrante é, mais matéria transmuta. Para terminar, ensino-lhe que se não se dispõe de mercúrio mineral, pode-se indiferentemente trabalhar com mercúrio comum, ainda que este último não tenha o mesmo valor, dá, não obstante, um resultado bastante bom.

VII – Da maneira de trabalhar a matéria ou o Mercúrio

Passemos agora à tintura de mercúrio. Tome um crisol de ourives, unte um pouco seu interior com gordura e ponha ali nossa medicina conforme a proporção requerida. Coloque tudo sobre fogo lento e quando o mercúrio comece a fumegar, projete a medicina envolta em cera ou em papel (*papirus*), tome um carvão grosso que terá preparado para este fim e ponha-o no fundo do crisol, depois de um fogo violento e quando esteja todo liquidificado, despeje-o dentro de um tubo untado de gordura e terá ouro ou prata muito finos, conforme o fermento que tenha acrescentado.

Se quiser multiplicar a medicina, deverá operar com esterco de cavalo, seguindo o método que lhe ensinei oralmente com sabe e que não posso escrever, já que seria um pecado revelar este segredo aos homens deste século, que buscam a ciência mais por vaidade do que com o bem como fim e por louvor a Deus, glória e honra a Ele pelos séculos dos séculos. Amém!

Vi concluir esta obra que descrevi com estilo vulgar o bem-aventurado Alberto, o Grande, usando Terra Hispânica ou Antimônio, mas lhe aconselho que empreenda somente o magistério pequeno, que descrevi brevemente, onde não há nenhum erro e que pode levar adiante com poucos gastos, pouco trabalho e em pouco tempo, assim chegará ao fim desejado. Mas, meu querido irmão, não empreenda o Grande Magistério, porque para a sua saúde e pelo dever da pregação de Cristo, deve melhor atender às riquezas eternas antes que as terrenas e temporais.

Aqui termina o Tratado de Santo Tomás sobre a multiplicação alquímica, dedicado a seu irmão e amigo, o irmão Reinaldo pelo Thesaurus Secretíssimus.